태도 하나로
기분이
달라지는 방법

태도 하나로
기분이 달라지는 방법

초판 1쇄 인쇄 2024년 7월 5일
초판 1쇄 발행 2024년 7월 10일

글 신희림 · 이윤재
그림 김영진
펴낸이 구모니카
디자인 양선애
마케팅 신진섭
펴낸곳 M&K
등록 제7-292호 2005년 1월 13일
주소 경기도 고양시 일산서구 고양대로 255번길 45, 903동 1503호(대화동, 대화마을)
전화 02-323-4610
팩스 0303-3130-4610
E-mail sjs4948@hanmail.net

ISBN 979-11-91527-88-9 73710

※ 값은 뒤표지에 있습니다. 잘못된 책은 바꾸어 드립니다.

태도 하나로 기분이 달라지는 방법

신희림·이윤재 글 | 김영진 그림

엠앤키즈

작가의 말

바른 태도와 바른 생각을 가진 빛나는 아이들에게

우리가 살아가면서 '바른 태도'를 가지는 것은 참 중요해요. '태도'란 어떤 일이나 상황을 대하는 마음가짐 혹은 행동을 이야기해요. 바른 태도를 가지고 있으면 친구와 다툴 일을 현명하게 해결하거나, 기분 좋게 생활할 수 있어요. 바른 태도는 여러분이 일상생활에서 좋은 선택을 할 수 있도록 도와준답니다. 그렇다면 무엇이 바른 태도고, 무엇이 바르지 못한 태도일까요?

이 책은 여러분이 생활 속에서 어떤 태도를 가져야 하는지 알려 줄 거예요. 책에는 초등학교 1학년인 빛나가 등장해요. 빛나는 여러분이 가장 많은 시간을 보내는 공간인 학교와 집, 공공장소, 그리고 초등학생으로 맞이하는 수업 시간, 친구들과의 관계에서 겪는 다양한 상황들을 마주해요.

빛나는 학교에서 친구와 다투거나, 수업 시간에 떨리는 마음으로 발표하고, 준비물이 없어 선생님께 혼이 나기도 해요. 집에서는 방을 스스로 정리하거나, 아침에 일어나기 싫어서 뒤척이기도 하고, 부모님과 다투기도 하지요. 아마 빛나가 겪는 상황을 보면 '어? 나도 이런 적 있는데!' 하는 생각이 들 거예요.

그때 책에서는 빛나에게 어떤 태도가 필요하다고 이야기하는지 읽어 보세요. 인정하는 태도, 배려하고 존중하는 태도, 사과하는 태도, 책임감 있는 태도 등 상황에 따라 필요한 태도를 알려 주고, 어떻게 말하고 행동하면 되는지 친절하게 알려 줄 거예요. 마지막 부분의 질문에 차분히 생각하고 답해 보세요. 빛나의 이야기를 통해 여러분은 공감하고 고민하며 자신만의 해결책을 찾아 나갈 수 있을 거예요.

부모님, 선생님, 친구들과의 관계 속에서 때로는 힘들고 어렵게 느껴지는 순간들도 있을 거예요. 그런 순간 이 책이 여러분이 커 나가는 데 작은 도움이 되기를 바랍니다. 여러분은 바른 태도와 바른 생각을 가진 빛나는 초등학생이 될 거예요!

신희림·이윤재

차례

작가의 말 • 4

1장 ≳이럴 땐 이렇게!≲
학교에서의 태도

급식실에 가요 • 12

도서관에 가요 • 14

복도를 이용해요 • 16

화장실에 가요 • 18

체육관을 이용해요 • 20

선생님께 혼이 나요 • 22

친구가 선생님께 혼이 나요 • 24

학교에 가기 싫어요 • 26

학교에서 다른 어른들을 만나요 • 28

공동 물건을 이용해요 • 30

영양사 선생님을 만나요 • 32

2장 이럴 땐 이렇게! 수업 시간 태도

수업을 들어요 · 36

수업 시간에 발표해요 · 38

친구들이 발표해요 · 40

화장실에 가고 싶어요 · 42

숙제를 안 했어요 · 44

준비물을 못 가져왔어요 · 46

3장 이럴 땐 이렇게! 집에서의 태도

내 방을 스스로 정리해요 · 50

괜히 짜증이 나요 · 52

스마트폰을 더 하고 싶어요 · 54

씻기가 싫어요 · 56

숙제하기 싫어요 · 58

부모님께 혼이 나요 · 60

부모님께 사랑을 표현하고 싶어요 · 62

관심과 사랑이 필요해요 · 64

부모님을 도와드리고 싶어요 · 66

언니, 오빠와 함께 놀고 싶어요 · 68

동생 때문에 속상해요 · 70

친척 어른들을 만나요 · 72

먹고 싶은 음식이 있어요 · 74

4장 이럴 땐 이렇게! 친구 사이의 태도

친구에게 고마워요 • 78

친구에게 서운하고 화가 나요 • 80

친구에게 미안해요 • 82

친구와 놀고 싶어요 • 84

친구와 약속해요 • 86

친구의 물건을 빌려요 • 88

피부색이 다른 친구를 만나요 • 90

장애가 있는 친구를 만나요 • 92

친구를 돕고 싶어요 • 94

5장 이럴 땐 이렇게! 공공장소에서의 태도

대중교통을 이용해요 • 98

식당을 이용해요 • 100

엘리베이터를 이용해요 • 102

편의점을 이용해요 • 104

놀이터를 이용해요 • 106

1장

이럴 땐 이렇게!
학교에서의 태도

급식실에 가요

빛나가 점심을 먹으러 급식실에 왔어요.
식판을 들고 차례로 음식을 받아야 하니까
마음대로 돌아다니면 안 될 것 같아요!

급식실은 학교에서 점심때 급식을 먹는 공간이에요!
식판을 들고 줄을 선 학생들과 급식을 먹는 학생들,
배식해 주시는 조리사 님까지 정말 많은 사람이 있어요.
다 함께 이용하는 급식실에서는 어떤 태도가 필요할까요?

먼저 급식실에서는 질서를 지키는 태도가 필요해요. 뛰어다니다가 식판을 들고 있는 친구와 부딪히기라도 하면 어떻게 될까요? 으악! 식판의 음식이 다 쏟아져 엉망이 될 거예요.

또 나 먼저 받겠다고 새치기하면 어떻게 될까요? 뒤에 있는 친구들이 불편해하고, 다툼이 생길 거예요. 급식실에서는 순서대로 줄을 서고, 뛰어다니거나 자리를 이동하지 않도록 해요.

또한 청결한 태도가 필요해요. 우리 손에는 정말 많은 세균이 있어요. 손을 씻지 않고 밥을 먹는다면 그 세균을 그대로 우리가 먹게 되겠지요? 급식을 먹기 전 꼭 손을 깨끗하게 씻고 청결을 유지하도록 해요.

또 음식을 먹으면서 이야기하지 않아요. 나도 모르는 사이에 입안에 있는 음식물이 툭 튀어나올 수 있기 때문이에요. 나와 친구의 건강을 위해서 급식실에서 청결한 태도를 꼭 지켜 주세요.

빛나와 함께 여러분도 급식실에 가면 오늘 배운 태도를 꼭 실천해요!

 급식실에서 지켜야 할 태도에는 또 무엇이 있을까요?

도서관에 가요

빛나가 도서관에 왔어요.
앗! 저기 한 친구가 장난치며 뛰어다니고 있네요.
다들 조용히 책을 읽고 있는데, 방해가 되지 않을까요?

앗, 도서관에서 저렇게 뛰어도 되나?

학교에서 책이 가장 많은 공간, 바로 도서관이에요!
도서관은 여러분이 책을 빌리거나, 책을 읽는 공간이지요.
다 함께 이용하는 도서관에서는 어떤 태도가 필요할까요?

먼저 책임감 있는 태도가 필요해요. 도서관에서 꼭 빌리고 싶었던 책이 있었는데, 오랜 시간 반납이 되어 있지 않아서 빌릴 수 없었던 적이 있나요? 책에 낙서가 되어 있거나 일부분이 찢어져 있던 적은요?

도서관의 책을 나의 것처럼 소중히 다루는 책임감 있는 태도가 필요해요. 책에 낙서하거나 책을 찢어서도 절대 안 돼요. 그리고 책을 빌리면 반납 일자를 꼭 지켜 주세요.

또한 배려하는 태도가 필요해요. 도서관은 빌릴 책을 고르거나 책을 읽는 곳이죠? 도서관에서 장난치며 떠들거나 뛰어다니는 행동은 다른 친구들을 방해하는 행동이에요. 도서관을 이용하는 친구들을 배려하며 소곤소곤 이야기하고, 발소리가 나지 않도록 사뿐사뿐 걸어야 해요.

빛나와 함께 여러분도 도서관에 가면 오늘 배운 태도를 꼭 실천해요!

도서관에서 뛰어다니거나 소리를 지르는 친구들에게 어떻게 이야기해 줄 수 있을까요?

복도를 이용해요

빛나가 쉬는 시간에 복도로 나왔어요.
앗! 복도에서 쌩쌩 뛰어다니는 친구들이 있어요.
하마터면 부딪혀서 크게 다칠 뻔했어요!
복도에서 뛰지 말라는 말을 들었을 텐데요.

학교에서 우리가 장소를 이동할 때 이용하는 곳은 복도예요!
복도는 등하교할 때, 화장실을 갈 때, 급식실을 갈 때 등등
정말 자주 이용하는 공간이에요.
복도에서는 어떤 태도가 필요할까요?

먼저 복도에서는 질서를 지키는 태도가 필요해요. 복도에서 뛰어다니는 친구들 때문에 불편했던 경험이 있나요? 우르르 몰려다니는 친구들 때문에 이동하기 불편했던 경험은요? 복도에서 질서를 지키지 않으면 다른 친구들이 불편함을 느낄 수 있어요. 복도에서는 천천히 걸어 다녀야 해요. 또 오가는 사람들이 부딪히지 않도록 한 줄로 서서 걸어야 해요. 오른쪽으로 붙어서 걷는 우측 통행도 꼭 지켜 주세요!

또한 복도에서는 양보하는 태도가 필요해요. "내가 먼저 갈 거야!" "저리 비켜!" 이렇게 서로 먼저 가겠다고 다투면 어떻게 될까요? 결국 친구와 싸워서 기분만 불쾌하고, 복도를 이용하는 다른 친구들의 통행에도 방해가 될 거예요. 서로 조금만 배려하고 양보하면 모두가 행복하게 복도를 이용할 수 있어요. 오늘부터 다른 친구에게 한 걸음 양보하는 태도, 잊지 말아요!

빛나와 함께 여러분도 복도를 다닐 때는 오늘 배운 태도를 꼭 실천해요!

학교 복도에서 지켜야 할 태도와 관련한 나의 다짐을 써 보세요.

화장실에 가요

쉬는 시간, 물을 많이 마셨더니 화장실에 가고 싶어졌어요.
오늘따라 화장실을 이용하고 있는 친구들이 많네요!
앗, 그런데 세면대에서 물장난을 왜 하는 거죠?

화장실에 가면 볼일을 보는 친구도 있고,
손을 씻는 친구, 거울을 보는 친구 등 다른 친구들이 많이 있어요.
화장실도 다 함께 사용하는 공간이에요!
깨끗한 화장실을 위해서는 어떤 태도가 필요할까요?

먼저 화장실을 청결하게 사용하는 태도가 필요해요. 화장실에 들어갔는데 변기 물이 안 내려가 있다면? 으악! 생각하기도 싫죠? 혹은 세면대에 물이 흥건하고 바닥에 쓰레기가 잔뜩 떨어져 있다면요? 화장실을 이용하기 싫어질 거예요. 화장실에서 사용한 휴지는 변기나 휴지통에 잘 버리고, 볼일을 본 후에는 꼭 물을 내리고 나와야 해요. 아름다운 사람은 머문 자리도 아름답다는 말 들어 보았나요? 우리 모두 잠시 머문 자리도 깨끗이 사용하는 아름다운 사람이 되도록 해요!

또한 절약하는 태도가 필요해요. 세면대의 물을 콸콸 틀어 놓으면 필요한 물보다 많은 물을 사용하게 돼요. 소중한 물이 낭비되지 않도록 필요한 만큼만 물을 틀고, 사용하지 않을 때는 수도꼭지를 꼭 잠가 주세요. 휴지를 사용할 때도 필요한 만큼만 써야 해요.

빛나와 함께 여러분도 화장실에 가면 오늘 배운 태도를 꼭 실천해요!

화장실을 청결하게 사용하지 않는 친구에게 어떻게 말해 줄 수 있을까요?

체육관을 이용해요

빛나가 가장 좋아하는 체육 시간!
체육관은 교실보다 훨씬 넓어서 좋아요!
체육관에서는 마음껏 뛰놀 수 있겠죠?

체육관에 오니 신기한 물건이 많아요. 축구공과 배구공, 매트, 농구대까지!
하지만 체육관에서도 주의해야 할 일들이 있어요.
체육관에서는 어떤 태도가 필요할까요?

먼저 주위를 잘 살피는 태도가 필요해요. 친구에게 공을 힘차게 던졌는데, 다른 친구가 지나가고 있다면? 공에 맞아서 친구 얼굴에 퍼렇게 멍이 들 거예요. 또 줄넘기하다가 실수로 옆에 있는 물통을 친다면 물을 엎지르게 되겠지요? 체육관에서는 주변에 사람이 없는지, 깨지거나 망가질 수 있는 물건은 없는지 꼭 살펴보아야 해요. 주위를 잘 살피며 체육 활동을 해야 한다는 것, 잊지 말아요!

또한 정리 정돈하는 태도가 필요해요. 체육관에서는 다양한 체육 물품들을 사용해요. 그런데 아무 곳에나 물품을 두면 다 뒤섞여서 찾아 쓰기도 힘들고 잃어버릴 수도 있겠지요? 공이나 라켓, 조끼 등 사용한 체육 물품들을 바르게 정리해서 제자리에 두어야 해요. 우리 학교의 소중한 물건이고 다 함께 사용하니까 내 것처럼 소중히 정리해 주세요.

빛나와 함께 여러분도 체육관에 가면 오늘 배운 태도를 꼭 실천해요!

체육관을 올바르게 사용하기 위해서 또 어떤 태도가 필요할까요?

선생님께 혼이 나요

빛나가 계단에서 뛰어 내려오다가 선생님을 만나 혼이 났어요.
"이빛나! 계단에서 뛰면 어떻게 될까요?
넘어지기라도 하면 크게 다치겠지요? 다음부터는 뛰지 마세요!"
처음으로 선생님께 혼난 빛나가 매우 속상해 보이네요.

학교생활을 하다 보면 나도 모르게 잘못된 행동을 할 때가 있어요.
그러면 선생님께 혼날 수도 있어요.
선생님께 혼날 때는 어떤 태도가 필요할까요?

먼저 잘못을 인정하는 태도가 필요해요. 내가 한 행동이 잘못된 행동이라는 것을 인정해야 해요. 예를 들어 친구와 몸싸움하며 다투었다면, 몸싸움한 행동이 잘못된 행동이라는 것을 인정하고 반성해요. 만약 친구가 먼저 나를 때려서 억울한 부분이 있다고 하더라도, 나의 행동에도 잘못이 있다는 점을 돌아보고 인정할 줄 알아야 해요.

또한 나의 행동을 책임지는 태도가 필요해요. 내가 잘못한 부분을 인정하였다면, 문제를 해결하기 위해 스스로 책임지는 태도를 지녀야 해요. 예를 들어 친구와 몸싸움을 한 경우, 친구에게 먼저 사과하고 오해를 풀어 상황을 해결할 수 있겠지요? 여러분이 스스로 할 수 있는 해결 방법을 찾아보고, 책임지는 태도를 가져 보세요.

빛나와 함께 여러분도 선생님께 혼이 날 때는 오늘 배운 태도를 꼭 실천해요!

선생님께 혼이 날 때 어떤 태도가 필요할까요?

친구가 선생님께 혼이 나요

빛나가 선생님께 혼이 났어요.
기분이 울적한데, 친구들이 놀리기까지 해요.
놀림을 당하니 빛나는 두 배로 속상해요.

친구가 선생님께 혼나는 것을 본 경험, 다들 있지요?
친구가 선생님께 혼나고 나면 여러분은 어떻게 행동하나요?
위로해 주는 친구도 있고, 오히려 놀리는 친구도 있어요.
친구가 선생님께 혼이 날 때는 어떤 태도가 필요할까요?

먼저 친구의 입장이 되어 보는 태도가 필요해요. 선생님께 혼난 친구의 기분은 어떨까요? 아마 매우 속상하고, 기분이 좋지 않을 거예요. 그런데 여러분이 그 친구를 놀리면 너무 속상해서 눈물을 흘릴지도 몰라요. 친구의 입장이 되어서 어떤 기분일지 생각해 보세요. 친구를 놀려서는 안 돼요. 친구에게 "속상했구나?" 하고 위로해 주거나, 속상한 기분에서 벗어나도록 함께 놀자고 해 보세요.

또한 나의 행동을 돌아보는 태도가 필요해요. 친구가 선생님께 혼나는 이유가 무엇인가요? 청소를 제대로 하지 않아서? 혹은 지각해서? 다양한 이유가 있겠지요? 혹시 여러분은 그런 행동을 한 적이 없는지 생각해 보세요. 만약 그런 적이 있다면 앞으로 그런 행동을 하지 않도록 주의해야 해요.

빛나와 함께 여러분도 친구가 선생님께 혼나는 것을 본다면 오늘 배운 태도를 꼭 실천해요!

친구가 선생님께 혼날 때 건넬 수 있는 위로의 말을 적어 보세요.

학교에 가기 싫어요

무슨 일인지 오늘 빛나가 학교에 가기 싫어하네요.

딱히 이유가 있는 것은 아닌데, 오늘따라 가고 싶지 않은가 봐요.

얼른 일어나서 준비를 하지 않으면 지각할지도 모르는데 어쩌죠?

여러분은 '학교에 가기 싫다'라는 생각을 해 본 적 있나요?

아픈 것도 아니고, 딱히 이유가 없는데 그냥 가기 싫은 날이 있지요.

학교에 가기 싫을 때는 어떤 태도가 필요할까요?

먼저 긍정적으로 생각하려는 태도가 필요해요. '학교에 가기 싫다'는 생각을 '학교에 가면 어떤 좋은 점이 있을까?'로 바꾸어 보세요. 학교에서는 친구들과 뛰놀 수도 있고, 맛있는 급식을 먹고 선생님과 도란도란 이야기를 나눌 수도 있지요. 이것 말고도 학교에서 할 수 있는 수많은 좋은 점들을 떠올려 보면, 학교에 가기 싫은 마음이 쏙 들어갈 거예요. 오늘부터 긍정적인 마음을 가져 보세요.

또한 배우려는 태도가 필요해요. 학교는 여러분이 다양한 것들을 배우는 곳이에요. 공부 이외에도 친구들과 어울리는 법, 규칙을 지키는 법 등 여러분이 모르는 사이에 많은 것들을 배우게 돼요. 더 멋있는 여러분이 되기 위해서 배우려는 태도를 가져 보세요. 아마 빨리 학교에 가고 싶어질걸요?

빛나와 함께 여러분도 학교에 가기 싫을 때는 오늘 배운 태도를 꼭 실천해요!

학교에 가기 싫을 때, 학교의 어떤 좋은 점을 떠올릴 수 있을까요?

학교에서 다른 어른들을 만나요

빛나와 우민이가 학교에서 교감 선생님을 만났어요.
그런데 인사도 하지 않고 모르는 척 지나치네요.
학교에서 다른 어른들을 만나면 예의 바르게 행동해야 하는 걸 모를까요?

학교에는 정말 많은 어른들이 계세요.
교실 복도나 운동장, 등하굣길에서 한 번씩은 꼭 마주치지요.
학교에서 다른 어른들을 만날 때는 어떤 태도가 필요할까요?

학교에서 선생님이나 학교를 방문하는 다른 어른들을 만나면 먼저 예의 바르게 인사를 해야 해요. 밝은 인사는 인사를 하는 사람과 받는 사람 모두를 기분 좋게 해요. 어른들을 마주치면 먼저 "안녕하세요!" 하고 밝게 인사를 해요. 그럼 모르는 어른이더라도 웃으면서 인사해 주실 거예요. 밝게 건네는 인사로 모두가 행복한 학교를 만들어 보아요.

또한 봉사하는 태도가 필요해요. 가끔 어른들이 무거운 물건을 들고 계실 때가 있어요. 그럴 때 먼저 가서 "제가 도와드릴까요?"라고 여쭤어 보세요. 만약 도움이 필요하신 상황이라면 여러분의 도움을 기쁘게 받으실 거예요. 혹은 학교에 처음 오셔서 길을 모르는 어른이 계신다면, "안녕하세요. 어디를 찾으세요?" 하고 여쭤 보세요. 여러분의 도움에 매우 고마워하실 거예요.

빛나와 함께 여러분도 학교에서 다른 어른들을 만날 때는 오늘 배운 태도를 꼭 실천해요!

 학교 복도에서 모르는 어른을 만나면 어떻게 인사할지 적어 보세요.

공동 물건을 이용해요

빛나네 반 교실에는 다 같이 사용하는 공동 물건이 있어요.
쓰레기통, 청소 도구, 연필깎이, 칠판 등 다양한 물건이 있지요.
그런데 누가 함부로 사용했는지 상태가 좋지 않네요.

색연필, 사인펜, 청소 도구, 쓰레기통 등 교실에서
다 같이 사용하는 물건을 '공동 물건'이라고 해요.
공동 물건을 사용할 때는 어떤 태도가 필요할까요?

먼저 소중히 여기는 태도가 필요해요. 내 물건이 아니라고 쓰레기통을 발로 차거나, 색연필을 부러트리는 행동을 한다면 어떻게 될까요? 다 같이 사용하는 공동 물건을 더 이상 사용하지 못하게 될 거예요. 또 아까운 공동 물건들이 버려지겠지요. 내 것처럼 소중히 다루고, 망가지지 않도록 조심해야 해요.

또한 내가 먼저 정리하는 태도가 필요해요. 공동 물건은 친구들과 다 함께 관리하는 물건이에요. '다른 친구가 치우겠지, 뭐.'라는 생각은 버리고, 내가 먼저 정리하는 태도를 지녀야 해요. 쓰레기통 주변이 지저분하다면 쓰레기를 주워서 담아요. 색연필이 엉망으로 놓여 있다면 통에 예쁘게 넣어요. 나부터 정리를 시작하면 우리 반 친구 모두가 깨끗하게 정리하는 습관을 지니게 될 거예요.

빛나와 함께 여러분도 공동 물건을 사용할 때는 오늘 배운 태도를 꼭 실천해요!

공동 물건을 정리하지 않는 친구에게 어떤 말을 해 줄 수 있을까요?

영양사 선생님을 만나요

급식 메뉴는 매일매일 달라져요.
고기, 채소, 생선 등 다양한 음식이 골고루 나오지요.
그런데 급식 메뉴는 누가, 어떻게 정하는 것일까요?

급식실에는 영양사 선생님이 계셔요.
우리가 균형 잡힌 식사를 할 수 있도록 음식을 준비해 주시는 분이랍니다.
영양사 선생님을 만날 때는 어떤 태도가 필요할까요?

먼저 감사하는 태도가 필요해요. 우리가 맛있게 먹는 음식들은 '뿅!' 하고 생겨난 것이 아니라, 급식실에 계신 영양사 선생님께서 열심히 준비해 주신 것이랍니다. 매일매일 영양소가 풍부하고 균형 잡힌 식단을 구성해 주세요. 우리가 건강하게 자랄 수 있는 것은 영양사 선생님 덕분이지요. 항상 감사하는 마음을 가지고 영양사 선생님을 만나야 하겠지요?

또한 예의 바른 태도가 필요해요. 영양사 선생님을 마주쳤는데 모르는 척하고 휙 지나치는 친구들이 있어요. 하지만 영양사 선생님을 대할 때는 예의를 지켜야 해요. 오늘 급식실에서 영양사 선생님을 마주친다면, 선생님께 먼저 "안녕하세요, 영양사 선생님!" 하고 인사해 보세요. 선생님께서도 환하게 인사해 주실 거예요.

빛나와 함께 여러분도 영양사 선생님을 만났을 때는 오늘 배운 태도를 꼭 실천해요!

 영양사 선생님을 만났을 때 어떻게 인사할 것인지 적어 보세요.

2장

이럴 땐 이렇게!
수업 시간 태도

수업을 들어요

빛나가 책상과 교과서에 수업과 상관없는 그림을 그리고 있어요.
그러다 보니 수업에 집중이 하나도 되지 않아요.
성실한 빛나가 갑자기 왜 이런 행동을 할까요?

앗! 낙서하면 안 돼!

빛나는 학교가 참 좋지만 가끔 수업 내용이 어렵거나,
활동에 집중하기 어려울 때 딴짓을 해요.
수업을 들을 때 어떤 태도가 필요할까요?

먼저 책임감 있는 태도가 필요해요. 지금은 어렵고 하기 싫더라도 꼭 해야 하는 일들이 있어요. 잠자기, 씻기처럼요. 수업 시간에 하는 공부도 마찬가지예요. 수업 시간에 배우는 내용이 이해하기 어렵더라도 집중해서 경청하고, 그래도 모르겠으면 선생님께 질문해 보아요. 오늘은 이해하기 어려웠을지라도 내일은 이해할 수 있을 거예요.

또한 인내하는 태도가 필요해요. 인내란 꾹 참고 노력하는 것을 의미해요. 수업 시간 배우는 내용이 이미 알고 있는 내용이거나 너무 어려울 때 집중하기가 참 어렵죠? 이럴 때는 낙서를 하거나, 친구에게 말을 걸고 싶거나, 수업 시간과 관련이 없는 딴짓을 하고 싶을 때가 있어요. 하지만 나의 수업을 방해하는 것들을 꾹 참는 인내가 필요하답니다. 인내한 만큼 그 시간이 값지고 집중력도 늘어날 거예요.

빛나와 함께 여러분도 수업을 들을 때 오늘 배운 태도를 꼭 실천해 보세요!

수업을 들을 때 내가 하는 바른 행동 세 가지를 적어 보아요.

수업 시간에 발표해요

수업 시간에 빛나가 선생님의 질문에
일어나서 발표하고 싶은데 손을 못 들고 있네요.
이러다가 발표 기회를 놓치겠어요.

빛나는 선생님이 질문을 하시면 발표를 하고 싶어요.
하지만 '틀리면 어떡하지?' 하는 고민과 함께
일어나서 발표하는 데 조금 부끄러운 마음이 들어요.
발표하고 싶을 때 어떤 태도가 필요할까요?

먼저 도전하는 태도가 필요해요. 정답을 몰라서, 틀릴까 걱정되어서, 친구들 앞에서 발표하기가 부끄러워서 발표가 어렵지요? 수업 시간에 선생님 말씀을 잘 들으면서 정답을 찾기 위해 노력해 보세요. 그리고 발표 기회가 온다면 용기를 내어 도전해요. 선생님께서 질문하시는 이유는 여러분이 잘 알고 있는지 확인하고, 생각의 폭을 넓힐 기회를 주기 위해서예요. 부끄러움을 이기며 도전하다 보면 어느새 사람들 앞에서 발표를 잘하는 '발표 왕'이 될 거예요!

또한 배려하는 태도가 필요해요. 발표는 반 친구들에게 여러분의 생각을 들려주는 시간이에요. 저 멀리 있는 친구들도 여러분의 생각을 들을 수 있도록 목소리의 크기를 크게 해야 해요. 그렇다고 친구들의 귀가 아플 정도로 소리를 지르면 안 되겠지요? 그리고 선생님께서 질문하신 내용과 관련 있는 내용을 이야기해야 해요.

빛나와 함께 여러분도 발표가 어려운 날 오늘 배운 태도를 꼭 실천해요!

여러분은 발표할 때 어떤 점이 어려운가요? 어려운 내용과 앞으로의 다짐을 적어 보세요.

친구들이 발표해요

수업 시간에 친구들이 발표하고 있어요.
앗, 그런데 빛나는 짝꿍과 급식 시간 이야기를 하고 있네요.
빛나의 태도에 어떤 문제가 있을까요?

수업 시간에 친구들의 발표를 들을 때면 가끔 다른 생각이 나기도 하고
나도 빨리 발표하고 싶어서 조바심이 나기도 하지요.
다른 친구들이 발표할 때 어떤 태도가 필요할까요?

먼저 경청하는 태도가 필요해요. 혹시 친구들이 내 이야기를 경청하지 않아 서운했던 경험이 있나요? 친구들도 발표를 할 때 같은 마음이 들 거예요. 친구들이 발표할 때는 귀를 쫑긋 세우고 경청해요. 친구의 발표를 듣고 어떤 내용이었는지 다른 친구들에게 설명할 수 있다면 여러분은 진정한 '경청 왕' 등극이에요!

또한 기다리는 태도가 필요해요. 친구가 발표하고 있을 때 모두가 발표하기 위해 한 손을 들고 "저요! 저요!" 하고 외치는 장면을 상상해 볼까요? 친구들의 목소리는 점점 커지고, 발표하는 친구의 목소리는 들리지 않을 거예요. 다른 친구가 발표할 때는 손을 내리고 경청한 후에 발표가 끝나면 손을 들도록 해요.

빛나와 함께 여러분도 친구가 발표하고 있을 때는 오늘 배운 태도를 꼭 실천해요!

나 또는 친구들이 발표할 때 필요한 발표 규칙 세 가지를 만들어 보세요.

화장실이 가고 싶어요

수업 시간에 선생님과 친구들이 열심히 공부하고 있어요.
그런데 빛나가 화장실이 급한 모습이에요.
선생님께 말씀드리고 다녀와야 하는데 부끄러운가 봐요.
이러다가 실수할지도 모르는데 어쩌죠?

빛나는 자주 화장실에 가고 싶어요.
지금은 수업 시간인데 갑자기 신호가 오고 있어요.
수업 중에 화장실을 가고 싶을 때 어떻게 할까요?

먼저 양해를 구하는 태도가 필요해요. 양해는 사정을 이해해 주는 것을 뜻해요. 학교에서 화장실에 가는 시간은 쉬는 시간이지요. 하지만 수업 시간에도 급히 화장실에 가야 할 일이 생겨요. 그럴 때는 먼저 손을 들어요. 그리고 선생님께서 "빛나야, 무슨 일이니?" 하시면 "수업 시간을 방해해서 선생님과 친구들에게 죄송해요. 화장실이 너무 급한데, 다녀와도 될까요?" 하고 이해를 구하는 거예요. 선생님과 반 친구들은 예의 바르게 묻는 빛나를 너그럽게 이해해 줄 거예요.

또한 습관을 만드는 태도가 필요해요. 학교에서 화장실은 쉬는 시간에 이용해요. 수업 시간에 가면 수업을 들을 수 없고, 수업 시간에 방해되기 때문이죠. 물론 갑자기 긴장하면 화장실에 가고 싶을 수 있어요. 하지만 쉬는 시간에 미리미리 화장실을 가는 습관을 만들면 수업 시간에 화장실을 가는 횟수가 줄어들 거예요.

빛나와 함께 여러분도 수업 시간에 화장실을 가고 싶을 때는 오늘 배운 태도를 꼭 실천해요!

 수업 시간에 화장실을 가기 위해 어떻게 양해를 구할지 적어 보세요.

숙제를 안 했어요

오늘은 받아쓰기 숙제가 있는 날이에요.
빛나는 어제 놀다가 까먹고 숙제를 안 했어요.
선생님께 혼나면 어쩌죠?

숙제는 여러분이 해야 하는 일이기 때문에 성실하게 해야 해요.
하지만 빛나처럼 잊어버리고 못 해 오는 경우도 종종 있지요.
숙제를 못 했을 때는 어떤 태도가 필요할까요?

먼저 솔직한 태도가 필요해요. 선생님께 혼이 날까 봐 걱정돼서 거짓말로 숙제했다고 하거나, 급히 친구의 숙제를 베끼는 친구들이 있어요. 하지만 이것은 잘못된 행동이에요. 솔직하게 선생님께 숙제를 못 했다고 말씀드려 볼까요? 선생님께서는 이해해 주실 거예요. 거짓말은 하지 않기! 약속할 수 있지요?

또한 책임감을 가지는 태도가 필요해요. 숙제는 여러분이 꼭 해야 하는 일이니까 책임감 있게 꼭 하려고 노력해야 해요. '어떻게 하면 숙제를 잊지 않고 잘할 수 있을까?' 스스로 생각해 보세요. 그리고 앞으로는 숙제를 성실하게 잘할 수 있도록 스스로와 약속을 정해요.

예를 들어 '알림장에 숙제를 잘 써 두기', '집에 가자마자 숙제하기' 등이 있겠지요? 책임감을 지니고 나의 할 일을 해내면 훨씬 더 멋있는 여러분이 될 거예요!

빛나와 함께 여러분도 숙제를 안 했을 때는 오늘 배운 태도를 꼭 실천해요!

 숙제를 성실히 하기 위해서 스스로 지킬 수 있는 약속을 써 보세요.

준비물을 못 가져왔어요

오늘은 준비물로 스케치북과 색연필이 필요한 날이에요.
빛나가 까먹고 스케치북과 색연필을 가져오지 못했어요.
수업 시간에 필요할 텐데, 어떻게 하죠?

선생님께서 준비물을 가져오라고 하실 때가 있어요.
가위, 풀, 색연필 등 다양한 준비물이 필요하지요.
준비물을 까먹고 가져오지 못했을 때는 어떤 태도가 필요할까요?

먼저 솔직한 태도가 필요해요. 선생님께 아침에 미리 준비물을 준비하지 못했다고 솔직하게 말씀드려요. 그러면 선생님께서 미리 방법을 찾아 도움을 주실 수 있어요. 수업 시간에 갑자기 말씀드리면 선생님도 방법을 찾기 어려우시겠죠? 부끄럽다고 조용히 있는 것보다는 솔직하게 미리 말하는 것이 훨씬 좋은 태도랍니다. 다음부터는 미리미리 준비하는 것도 잊지 말아요!

또한 스스로 해결 방법을 찾아보는 태도가 필요해요. 준비물을 가져오지 못했을 때 어떻게 하면 좋을지 방법을 생각해 보아요. 예를 들어 같은 반 친구에게 빌리는 방법이 있겠지요? 준비물을 여러 개 가져온 친구가 있다면 조심스럽게 빌려줄 수 있는지 물어보세요. 스스로 해결 방법을 찾아보는 태도 또한 정말 멋진 태도예요!

빛나와 함께 여러분도 준비물을 가져오지 못했을 때 오늘 배운 태도를 꼭 실천해요!

 준비물을 가져오지 못했을 때는 어떻게 행동할 것인지 써 보세요.

- -

- -

3장

이럴 땐 이렇게!
집에서의 태도

내 방을 스스로 정리해요

빛나의 방이에요. 굉장히 어질러져 있죠?
빛나가 제일 좋아하는 장난감이 보이지 않아요.
이렇게 어질러진 방에서는 찾기가 어려울 것 같은데요.

잠을 자거나 숙제를 하거나 노는 여러분의 방이 있지요?
이 방의 주인은 여러분이니까 방을 청소할 책임도 여러분에게 있어요.
여러분의 방을 깨끗하게 정리하기 위해 어떤 태도가 필요할까요?

먼저 정리 정돈을 하는 태도가 필요해요. 방에서 물건을 한참 동안 찾은 적이 있나요? 물건을 제자리에 정리하지 않으면 필요할 때 찾기 어려워요. 그렇기 때문에 옷이나 학용품, 장난감의 위치를 정해 두어야 해요. 그래야 스스로 정리 정돈을 할 수 있고, 물건이 필요할 때 스스로 찾을 수 있으니까요!

또한 성실한 태도가 필요해요. 방 안에서는 정리와 정돈이 필요해요. 예를 들어 아침에 일어난 후 이불을 정리하고, 책을 읽거나 그리기 활동을 한 뒤 책상을 정리해요. 또 신나게 논 후 장난감을 정리해야 하지요. 정리 정돈을 할 일이 정말 많지요? 해야 할 일이 쌓이면 정말 많지만, 그때그때 한다면 힘들지 않아요! 할 일을 미루지 않는 성실한 태도로 정리 정돈을 해 보세요.

빛나와 함께 여러분도 자기 방 정리를 할 때는 오늘 배운 태도를 꼭 실천해요!

여러분이 평소에 자주 잃어버리는 물건을 정돈할 위치를 정해 보세요.
예) 가방은 책상 아래에 두기, 휴대 전화는 항상 침대 옆 탁자에 두기

괜히 짜증이 나요

오늘은 빛나가 이유 없이 짜증이 났어요.
짜증을 계속 내다가 동생과도 싸우고 말았어요.
이런 날은 아무것도 아닌 일에 울음을 터뜨리기도 해요.

오늘은 괜히 기분이 좋지 않아요.
아무 이유 없이 화가 나고 짜증이 나는 날이에요.
여러분도 이런 날이 있나요? 기분이 좋지 않은 날, 어떤 태도가 필요할까요?

먼저 나의 감정에 관심을 두는 태도가 필요해요. 오늘은 왜 기분이 좋지 않은지 이유를 곰곰이 생각해 보아요. 그리고 어떻게 하면 기분이 좋아질지 방법을 고민해 보아요. 좋아하는 음악을 듣거나 좋아하는 그리기 활동을 해 볼 수도 있지요. 혹은 책을 읽으면서 짜증을 잊을 수도 있어요. 그러면 이다음에 기분이 좋지 않은 날에도 자신만의 방법으로 짜증을 잊을 수 있겠지요?

또한 배려하는 태도가 필요해요. 여러분의 친구 혹은 가족이 갑자기 화를 내거나 짜증을 낸 적이 있나요? 그때 놀라고 속상한 기분이 들지 않았나요? 기분이 좋지 않은 날에는 친구나 가족에게 화를 내거나 짜증을 내기 쉬워요. 나의 기분이 좋지 않다고 마음대로 행동하면 상대방은 당황스럽고 속상해요. 기분이 좋지 않을 때는 상대방을 배려하는 마음을 한 번 더 갖도록 해요!

빛나와 함께 여러분도 기분이 좋지 않은 날은 오늘 배운 태도를 꼭 실천해요!

기분이 좋지 않은 날, 여러분의 기분을 좋게 만들어 주는 행동은 무엇이 있는지 적어 보세요.

스마트폰을 더 하고 싶어요

빛나는 스마트폰으로 노는 시간이 정말 좋아요.
이미 밤이 늦었는데 여전히 스마트폰을 하고 있네요.
이제 그만하고 잠을 자야 하는데 말이죠.

스마트폰을 하고 있을 때는 정말 시간 가는 줄을 모르겠어요.
조금만 더! 조금만 더! 놀고 싶은 마음이 생겨요.
스마트폰을 올바르게 사용하기 위해서는 어떤 태도가 필요할까요?

먼저 계획적인 태도가 필요해요. 영상 보기, 게임하기, 친구와 채팅하기 등등 스마트폰을 사용해 놀다 보면 '으악!' 정말 시간 가는 줄을 모르겠어요. 이렇게 스마트폰을 쓰다가 할 일을 다 못한 적이 있나요? 계획 없이 스마트폰을 사용하면 너무 오랜 시간 매달려 있고 중독되기 쉬워요. 시력도 나빠지죠. 하루에 스마트폰을 사용하는 시간을 정하고 그 시간만큼만 사용하는 계획적인 태도가 필요해요.

또한 노력하는 태도가 필요해요. 스마트폰 사용 계획을 세웠나요? 이제 계획을 지키기 위해 노력하는 태도가 필요해요. 처음에는 계획을 지키기 어려울 수도 있고, 계획을 잘 지키다가 점점 못 지키게 되는 경우가 있어요. 하지만 포기하지 않고 계획을 실천하기 위해 노력하다 보면 어느새 좋은 습관 한 가지가 더 생기게 될 거예요!

빛나와 함께 여러분도 올바른 스마트폰 사용을 위해 오늘 배운 태도를 꼭 실천해요!

잠들기 전 스마트폰을 몇 분 정도 사용할지 정해 보세요.

씻기가 싫어요

씻기가 귀찮은 날이 있어요. 피곤하기도 하고 귀찮기도 하니까요.
빛나도 괜히 그런 날이 있어요.
하지만 씻지 않고 그냥 자면 잠이 솔솔 오지 않아요.

아침과 저녁, 씻고 나면 정말 개운한데 씻기가 귀찮아요.
화장실에 들어가면 금방 씻을 수 있는데 참 어려워요.
씻기 싫은 날, 어떤 태도가 필요할까요?

먼저 나를 사랑하는 태도가 필요해요. 세수와 양치는 왜 하는 걸까요? 나의 건강을 위해서 해요. 깨끗하게 세수하고 양치하면 병균으로부터 나의 몸을 보호할 수 있어요. 귀찮은 마음에 세수나 양치를 미룬다면 건강을 해치고 병원에 가야 할 수 있어요. 소중한 나를 사랑하는 마음으로 세수와 양치를 열심히 해요!

또한 부지런한 태도가 필요해요. 세수하기, 양치하기는 매일매일 꼭 해야 해요. 미리 좋은 습관을 만들면 참 좋겠죠? 눈을 뜨자마자 세수하기, 식사 후 양치하기, 외출 후 집에 들어오면 바로 손 씻기. 미루지 않고 할 일을 부지런한 태도로 해 보아요. 어느새 습관이 되어 귀찮다는 생각이 들기도 전에 씻게 될 거예요!

빛나와 함께 여러분도 씻기 싫은 날 오늘 배운 내용을 꼭 실천해요!

 잠들기 전 양치질을 귀찮아하는 친구에게 어떻게 말해 줄 수 있을까요?

숙제하기 싫어요

빛나가 숙제를 하지 않고 신나게 놀고 있어요.
집에 오자마자 숙제를 해 놓고 놀기로 했는데,
매번 뒤로 미루고 놀다 보면 한밤중이 되어요.
그냥 잠들면 내일 엄청 후회할 텐데요.

숙제를 하면 학교에서 배운 내용을 복습할 수 있어요.
그런데 학교에서 할 때는 정말 재미있는데 혼자 하는 건 재미없어요.
숙제하기 싫을 때 어떤 태도가 필요할까요?

먼저 배우려는 태도가 필요해요. 숙제는 왜 필요할까요? 숙제하면서 학교에서 배운 내용을 잘 이해했는지 확인할 수 있어요. 또 시간이 지난 후 다시 공부하면서 더 오래 기억할 수 있어요. 선생님, 부모님이 아닌 나 자신을 위해 배우려는 태도로 숙제를 해야 해요. 여러분의 의지가 숙제를 재미있고 의미 있게 만들어 줄 거예요!

또한 약속을 지키는 태도가 필요해요. 숙제는 나를 비롯하여 선생님과 한 약속이기도 해요. 숙제하지 않고 학교에 간 날이 있나요? 그날 기분은 어땠나요? '선생님께서 숙제 검사를 하실까?' '혼을 내실까?' 조마조마하지 않았나요? 숙제하지 않은 날은 선생님과의 약속을 지키지 않아 마음이 불편해요. 약속을 지키는 멋진 학생이 되면 어떨까요?

빛나와 함께 여러분도 숙제하기 싫은 날에는 오늘 배운 태도를 꼭 실천해요!

숙제하기 싫어하는 친구에게 어떻게 말해 줄 수 있을까요?

부모님께 혼이 나요

빛나가 엄마에게 혼이 나고 있어요.
부모님께 혼이 나 서러운 마음에 투정을 부리고 있어요.
투정을 더 부리다가는 더 혼날 것 같은데 어쩌죠?

잘못된 행동을 해서 부모님께 혼이 난 적이 있나요?
내 마음을 몰라주는 것 같아 서럽고 억울한 마음이 들었나요?
부모님께 혼날 때 어떤 태도가 필요할까요?

먼저 반성하는 태도가 필요해요. 여러분이 무엇을 잘못했는지, 왜 그렇게 행동하면 안 되는지를 이해해야 해요. 실수로, 모르고 잘못된 행동을 할 수 있어요. 중요한 것은 더 이상 잘못된 행동을 하지 않는 거예요. 나의 실수를 반성하고 앞으로의 바른 행동을 다짐한다면 같은 잘못을 반복하지 않을 수 있겠죠?

또한 소통하는 태도가 필요해요. 혹시 부모님께 혼나면서 억울한 마음이 들었나요? 여러분이 하지 않은 일로 혼나게 되거나, 오해 때문에 혼나게 될 수도 있어요. 그럴 때는 화를 내거나 울기보다는 부모님께 또박또박 설명해요. 내가 잘못한 일이라면 역시 울거나 투정을 부리기보다는 잘못을 인정하고 앞으로 조심하겠다는 약속을 해야 해요.

빛나와 함께 여러분도 부모님께 혼이 날 때 오늘 배운 태도를 꼭 실천해요!

방 정리를 하지 못해서 혼이 났을 때 부모님께 어떻게 말씀드릴지 적어 보세요.

부모님께 사랑을 표현하고 싶어요

빛나는 엄마, 아빠가 정말 좋아요.
짜증을 내거나 투정을 부릴 때도 있지만,
얼마나 부모님을 사랑하는지 알아줬으면 좋겠어요.

빛나는 부모님과 함께하는 시간이 제일 좋아요.
그래서 부모님이 집에 안 계시면 괜히 불안한 마음이 들기도 해요.
부모님께 사랑을 표현할 때 어떤 태도가 필요할까요?

먼저 올바른 방법으로 표현하는 태도가 필요해요. 부모님과 떨어지기 싫어서 다리를 끌어안거나 옷을 잡아당기면 어떻게 될까요? 부모님께서 떼를 쓴다고 도리어 화를 내실 수도 있어요. 좋아하는 만큼, 사랑하는 만큼 더 솔직하고 예쁘게 표현해 보세요. 부모님께 마음을 표현하고 싶을 때는 "사랑해요!"라고 직접 말하거나 꼭 안아드릴 수도 있지만, 쑥스러울 때는 편지를 써서 드리는 방법도 있어요.

또한 존중하는 태도가 필요해요. 부모님을 너무나 사랑하는 마음에 계속 같이 있고 싶어서 부모님을 졸졸 따라다니고, 부모님이 외출할 때 엉엉 울어 버린 적이 있나요? 사랑한다고 항상 함께할 수는 없어요. 우리는 각자 해야 할 일들이 있기 때문이에요. 사랑한다면 더욱 존중하는 태도를 지녀야 해요. 부모님을 존중하는 태도로 나의 할 일을 한다면 부모님을 기다리는 시간이 힘들지 않을 거예요.

빛나와 함께 여러분도 부모님께 사랑을 표현하고 싶을 때 오늘 배운 태도를 꼭 실천해요!

 부모님께 사랑하는 마음을 어떻게 전할지 나만의 방법을 적어 보아요.

관심과 사랑이 필요해요

오늘은 부모님과 함께 집에 있어요.
빛나가 엄마의 관심을 받고 싶은 것 같아요.
다가가서 직접 이야기를 하면 좋을 것 같은데요.

부모님이 바빠서 나를 봐 주지 않는다고 생각한 적이 있나요?
함께 놀고 싶어서 괜히 탁자를 두드리거나 투정을 부린 적이 있나요?
부모님의 관심과 사랑을 받고 싶을 때 어떤 태도가 필요할까요?

먼저 솔직한 태도가 필요해요. 부모님과 함께하고 싶을 때 어떻게 행동하나요? 혹시 관심을 바라며 아픈 척을 하거나, 잘못된 행동을 하지는 않나요? "오늘 엄마와 함께 재미있는 놀이를 하고 싶어요." 사랑과 관심이 필요할 때는 이렇게 자신의 감정을 솔직하게 이야기하는 태도가 필요해요. 잘못된 방법은 오히려 부모님께 속상한 마음을 안기게 되지요.

또한 화합하는 태도가 필요해요. 화합은 화목하게 어울린다는 의미예요. 내가 좋아하는 놀이만 하기보다는 가족들이 모두 좋아하는 놀이를 해야 해요. 우리 가족이 좋아하는 보드게임도 하고, 부모님이 집안일을 할 때 함께 도우며 시간을 보낼 수도 있지요. 다 같이 즐거운 시간을 만들기 위해 화합하면 가족과 함께하는 시간이 더욱 즐거워질 거예요!

빛나와 함께 여러분도 관심과 사랑을 받고 싶은 날 오늘 배운 내용을 꼭 실천해요!

부모님과 놀고 싶을 때 어떻게 말씀드릴지 적어 보세요.

부모님을 도와드리고 싶어요

빛나가 식사 준비를 돕고 있어요.
음식을 준비하는 엄마를 도와드리고 싶은 것 같아요.
수저를 놓는다거나 반찬을 놓는 일은 빛나도 할 수 있어요.

빛나는 부모님을 항상 도와드리고 싶어요.
식사 준비도 돕고 싶고, 청소도 도울 수 있어요.
부모님을 도와드리고 싶을 때 어떤 태도가 필요할까요?

먼저 관심을 가지는 태도가 필요해요. 부모님을 돕고 싶은 예쁜 마음으로 부모님께 관심을 가져 보세요. 부모님이 좋아하는 음식은 무엇인지, 좋아하는 색깔은 무엇인지 부모님에 대해 알아보세요. 부모님에 대해 알아보면 도움이 필요한 일은 무엇인지, 그중에서 내가 할 수 있는 일은 무엇인지 찾을 수 있어요.

또한 소통하는 태도가 필요해요. 부모님을 도울 수 있는 일을 찾았다면 부모님과 소통이 필요해요. 예를 들어 창문 닦기, 불을 이용한 요리는 여러분이 혼자 하기에 위험할 수 있어요. 부모님을 돕고 싶다면 어떻게 도울 수 있을지 부모님과 이야기를 나눠요. 그런 뒤 할 일을 정하고 부모님을 도우면 안전하고 기분 좋게 효도할 수 있어요!

빛나와 함께 여러분도 부모님을 도와드릴 때 오늘 배운 태도를 꼭 실천해요!

부모님을 도와드리고 싶을 때 어떤 일을 도와드릴지 부모님과 정해 보세요.

언니, 오빠와 함께 놀고 싶어요

오빠 친구들이 집에 놀러 왔어요. 언니들이 두 명이나요.
빛나도 언니, 오빠와 함께 어울려 놀고 싶어요.
하지만 오빠는 싫은 표정이고, 언니들도 곤란한 표정을 지어요.

빛나처럼 언니나 오빠, 또는 형이나 누나랑 놀고 싶은 적이 있나요?
어떻게 노는지 궁금해서 껴 주지 않아도 기웃거릴 때가 많지요?
언니, 오빠, 형, 누나랑 함께 놀고 싶을 때 어떤 태도가 필요할까요?

먼저 소통하는 태도가 필요해요. 오빠가 너무 좋더라도 모든 것을 함께 할 수는 없어요. 특히 오빠가 친구들과 놀 때는 함께 놀아도 되는지 먼저 물어보아야 해요. 오빠와 친구들은 학교 숙제를 해야 할 때도 있고, 여러분이 못 하는 어렵고 복잡한 놀이를 할 때도 있어요. 오빠와 친구들에게 먼저 물어보는 소통하는 태도가 필요해요.

또한 이해하는 태도가 필요해요. 함께 놀아도 되는지 물어보았지만 함께 놀지 못할 수도 있어요. 아쉽고 속상한 마음에 울고 떼쓰기보다는 "다음에는 같이 놀아 줘." 하고 오빠의 상황을 이해하는 태도가 필요해요. 또는 함께 놀이하는 데 오빠가 계속 이길 수 있어요. 져서 속상한 마음에 울거나 화내기보다는 "오빠는 정말 잘하는구나. 멋지다! 다음에 또 도전할게!" 하고 잘하는 오빠를 인정하고 칭찬해요!

빛나와 함께 여러분도 언니나 오빠, 형이나 누나 등과 함께 놀고 싶을 때는 오늘 배운 태도를 꼭 실천해요!

언니나 오빠, 형이나 누나와 함께 게임을 하는데 계속 져서 속상한 마음이 들 때, 어떻게 이야기할지 적어 보세요.

동생 때문에 속상해요

빛나는 태어난 동생이 예뻐요. 어서 자라서 함께 놀고 싶기도 해요.
하지만 어떤 날은 괜히 심술이 나고 슬퍼지기도 해요.
부모님이 빛나에게는 관심이 없고 동생만 챙기는 것 같거든요.

빛나처럼 동생만 챙기는 부모님 때문에 속상한 적 있나요?
아무 잘못 없는 동생이 괜히 미워 보인 적도 있지요?
동생 때문에 속상할 때 어떤 태도가 필요할까요?

먼저 솔직한 태도가 필요해요. 빛나처럼 동생만 바라보는 것 같은 부모님의 모습에 외롭고 속상하다면 솔직히 말씀드려 보세요. 속마음으로만 담고 있으면 부모님이 알아채지 못할 수도 있어요. 말씀드리기 어렵고, 말하지 않아도 알아주셨으면 좋겠지만, 우리의 마음을 부모님이 모두 알 수는 없어요. 솔직하게 여러분의 마음을 말씀드리면 부모님과 함께 해결할 수 있어요.

또한 지혜로운 태도가 필요해요. 동생에게 양보만 해서 속상한 마음이 들었나요? 동생을 미워하고 속상한 마음을 키우기보다는 지혜로운 태도로 방법을 찾아보아요. 시간을 정해서 장난감을 가지고 놀거나, 같이 할 수 있는 놀이를 찾아요. 함께 놀 수 있는 방법을 많이 찾다 보면 동생이 있어서 행복한 마음이 생길 거예요!

빛나와 함께 여러분도 동생 때문에 속상한 날 오늘 배운 태도를 꼭 실천해요!

동생 때문에 속상했던 경험이 있나요? 속상한 마음이 들 때 어떻게 표현할지 적어 보세요.

친척 어른들을 만나요

명절이라서 오랜만에 친척들이 모두 모였어요.
빛나가 친척 어른들이 많이 계셔서 부끄러운가 봐요.
아빠가 인사하라고 하는데도 엄마 뒤로 숨어서 나오질 않아요.

설날, 추석, 우리는 종종 친척 어른들을 만나요.
하지만 가끔 뵙는 친척 어른들은 어색하고 낯설어요.
오랜만에 친척 어른들을 만날 때 어떤 태도가 필요할까요?

먼저 예의 바른 태도가 필요해요. 혹시 어른들을 만날 때 부끄러워 부모님 뒤로 숨었었나요? 이제부터는 어른들을 뵐 때 먼저 공손하게 인사하고 "안녕하세요? 저는 ○○○이에요!" 하고 씩씩하게 자신을 소개해요. 어른들께는 높임말을 써야 하는 거 알죠? 그리고 어른들이 있을 때는 벌러덩 누워 있기보다는 자세를 바르게 해야 한다는 걸 잊지 마세요!

또한 관심을 가지는 태도가 필요해요. 함께 살지 않고 가끔 보더라도 친척 어른들은 가족이에요. 처음에는 어려울 수 있지만 오랜 시간 만나게 될 어른들이지요. 친척 어른들이 자신과 어떤 관계인지, 무엇을 좋아하시는지 관심을 가지고 기억해 보아요. 다음에 만날 때는 어렵고 무섭기보다는 친근하게 느껴질 거예요!

빛나와 함께 여러분도 친척 어른들을 만날 때 오늘 배운 태도를 꼭 실천해요!

여러분이 명절에 만나는 친척 어른들이 누구인지 적어 보세요.

먹고 싶은 음식이 있어요

즐거운 저녁 식사 시간! 빛나는 오늘 피자를 먹고 싶어요.
하지만 오늘 저녁은 김치찌개라 반찬 투정을 하고 있네요.
엄마가 몹시 속상해하시는 것 같아요.

부모님이 수고하여 식사를 준비했는데, 반찬 투정을 한 적이 있나요?
평소에는 잘 먹다가도 투정을 부리면 부모님도 많이 당황스러우실 거예요.
먹고 싶은 음식이 따로 있을 때 어떤 태도가 필요할까요?

먼저 소통하는 태도가 필요해요. 먹고 싶은 음식이 있을 때 어떻게 해야 할까요? 바로 부모님께 이야기를 드려야겠지요? 말씀드리지 않으면 부모님도 알 수 없어요. 사실 부모님도 저녁 메뉴를 고민하고 계실지도 몰라요. 이럴 때 부모님께 먹고 싶은 음식을 이야기한다면 부모님의 고민도 덜어 드릴 수 있어요!

또한 배려하는 태도가 필요해요. 저녁 식사에 먹고 싶은 반찬이 아닌 다른 반찬이 준비된 날 아쉽고 실망스러운 기분이 들 수 있어요. 하지만 열심히 식사를 준비해 주신 부모님의 마음을 배려하는 태도가 필요해요. 정성스럽게 식사를 준비해 주신 부모님께 감사하는 마음으로, 실망을 표현하기보다는 맛있게 먹는 모습으로 보답해 보아요. 부모님도, 여러분도 기분 좋은 식사 시간이 될 거예요!

빛나와 함께 여러분도 먹고 싶은 음식이 있을 때 오늘 배운 태도를 꼭 실천해요!

먹고 싶지 않은 반찬이 나왔을 때 어떻게 행동하면 좋을지 적어 보세요.

4장

> 이럴 땐 이렇게! <
친구 사이의 태도

친구에게 고마워요

빛나가 친구에게 연필을 빌렸어요.
필통을 놓고 와서 당황했는데, 친구가 흔쾌히 연필을 빌려주었어요.
이럴 땐 친구에게 뭐라고 말해야 할까요?

학교생활을 하다 보면 친구에게 도움을 받을 때가 많아요.
친구에게 필요한 물건을 빌리기도 하고, 친구가 공부를 도와줄 때도 있지요.
이럴 때는 친구에게 고마운 마음이 들어요.
친구에게 고마운 마음이 들 때는 어떤 태도가 필요할까요?

먼저 표현하는 태도가 필요해요. 여러분이 친구에게 도움을 주었는데, 친구가 고맙다는 인사도 없이 쌩하니 가 버리면 어떨 것 같나요? 아마 기분이 그다지 좋지 않을 거예요. 친구에게 나의 고마운 마음을 표현해야 해요. 표현하지 않으면 친구는 나의 고마운 마음을 모를 거예요. 오늘부터 "친구야, 도와줘서 정말 고마워."라고 꼭 말해 주세요.

또한 보답하는 태도가 필요해요. 나에게 도움을 주었던 친구도 언젠가 나의 도움이 필요한 때가 있을 거예요. 그때 모른 척하지 않고 나도 도움을 주어서 보답하는 태도를 지녀요. 우리는 혼자 사는 것이 아니라 다른 사람과 함께 살아가죠? 서로의 고마움을 잊지 않고 보답하는 태도를 지닌다면 더욱 살기 좋은 세상이 될 거예요!

빛나와 함께 여러분도 친구에게 고마운 마음이 들 때 오늘 배운 태도를 꼭 실천해요!

친구에게 고마움을 느꼈던 일이 무엇인지 적어 보세요.

친구에게 서운하고 화가 나요

친구가 장난치다가 빛나를 밀쳤어요.
빛나는 친구에게 서운하고, 화까지 났어요. 버럭 화를 내 버릴까요?
아니면 참고 차분히 이야기해 볼까요?

친구와 사이좋게 놀 때도 있지만, 친구에게 서운하고 화가 날 때도 있어요.
그렇다고 버럭 화를 내 버리면, 친구와 사이가 멀어지고 다투게 되지요.
친구에게 서운하고 화가 날 때는 어떤 태도가 필요할까요?

먼저 차분히 생각하는 태도가 필요해요. 친구가 나를 밀치거나 놀려서 화가 날 수 있어요. 그럴 때 먼저 화부터 내는 것이 아니라, 잠시 차분하게 생각해 보아요. '친구가 왜 저런 행동을 할까?' '내가 어떻게 말해야 나의 기분을 전달할 수 있을까?' 혼자 생각하기가 어렵다면 선생님께 도움을 요청해 보아요. 차분히 생각하면서 나의 감정을 가라앉히면, 문제를 해결하기 훨씬 쉬울 거예요.

또한 표현하는 태도가 필요해요. 친구와 다툼이 일어나는 것이 싫어서 참기만 하는 것보다, 나의 솔직한 마음을 이야기하는 것이 좋아요. "네가 나를 밀쳐서 기분이 나빠. 앞으로는 조심해 줄 수 있겠니?"처럼, 친구의 어떤 행동 때문에 기분이 어떻게 나쁜지 이야기해요. 친구도 이해하고 사과해 줄 거예요.

빛나와 함께 여러분도 친구에게 서운하거나 화가 날 때 오늘 배운 태도를 꼭 실천해요!

친구가 발을 밟아서 화가 났을 때 어떻게 이야기하면 좋을까요?

친구에게 미안해요

빛나가 장난으로 친구의 별명을 불렀어요.
그런데 친구가 속상했는지 펑펑 울음을 터트렸어요.
이렇게까지 속상해할 줄은 몰랐는데 어떻게 사과해야 하죠?

나도 모르게 친구를 속상하게 만들 때가 있을 거예요.
친구가 나 때문에 속상해하면 미안한 마음이 들지요.
친구에게 미안한 마음이 들 때는 어떤 태도가 필요할까요?

먼저 인정하는 태도가 필요해요. 나의 행동 때문에 친구가 속상하다는 사실을 인정해야 해요. 나의 행동이 왜 친구를 속상하게 했는지 스스로 생각해 보세요. 만약 친구가 왜 속상한지 잘 모르겠다면, 친구에게 "나의 어떤 행동 때문에 속상한지 말해 줄 수 있어?"라고 물어보세요. 친구의 솔직한 속마음을 듣고, 나의 잘못을 인정하도록 해요.

또한 진심으로 사과하는 태도가 필요해요. 나의 잘못을 인정했다면, 친구에게 진심으로 사과해야 해요. 사과할 때는 '인정하기, 사과하기, 약속하기' 이 세 가지를 기억해요. 나의 잘못을 인정하고, 미안함을 표현하고, 앞으로 그러지 않겠다고 약속해요. 예를 들어 "별명으로 놀려서 미안해. 앞으로는 그러지 않을게."라고 말할 수 있겠지요? 친구에게 진심으로 사과하고, 다시 사이좋은 친구로 지내요!

빛나와 함께 여러분도 친구에게 미안한 마음이 들 때 오늘 배운 태도를 꼭 실천해요!

내가 실수로 친구의 발을 밟아서 친구가 속상해한다면 어떻게 말해 줄 수 있을까요?

- -

- -

친구와 놀고 싶어요

빛나는 유민이와 밖에 나가서 놀고 싶어요.
그런데 유민이도 밖에 나가서 놀고 싶은지는 모르겠어요.
유민이와 같이 놀고 싶은데 어떻게 해야 할까요?

쉬는 시간이나 점심시간에 친구들과 놀면 정말 신나죠?
하지만 서로 하고 싶은 놀이가 다를 때도 있어요.
친구와 놀고 싶을 때는 어떤 태도가 필요할까요?

먼저 존중하는 태도가 필요해요. 내가 놀고 싶다고 해서 친구도 반드시 나와 놀아야 하는 것은 아니에요. 친구는 쉬고 싶을 수도 있고, 할 일이 있을 수도 있지요. 그런데 자꾸 같이 놀자고 하면 친구는 불편해 할 거예요. 함께 놀기 전에 "나와 같이 놀래?" 하고 물어보세요. 만약 싫다고 하더라도 친구의 상황을 존중하고 이해해 주세요. 다른 친구와 함께 놀거나, 다른 놀이를 찾아보면 되니까요!

또한 양보하는 태도가 필요해요. 친구는 공놀이를 하고 싶고 나는 보드게임을 하고 싶다면 어떻게 해야 할까요? 서로 하고 싶은 놀이만 고집하면 결국 다투게 될 거예요. 여러분이 하고 싶은 놀이만 고집하지 말고, 친구에게 양보하는 태도를 가져야 해요. 이번에는 공놀이하고, 대신 다음에 보드게임을 하기로 약속할 수 있지요.

빛나와 함께 여러분도 친구와 놀고 싶을 때 오늘 배운 태도를 꼭 실천해요!

여러분이 좋아하는 놀이 두 가지와 친구가 좋아하는 놀이 두 가지를 적어 보세요.

친구와 약속해요

희림이는 빛나와 3시에 놀이터에서 만나기로 약속했어요.
그런데 무슨 일인지 빛나가 나타나지 않아요.
약속 시간이 이미 지났지만 희림이는 계속 기다리고 있어요.

우리는 생활하면서 친구와 많은 약속을 해요.
몇 시에 만날지, 무엇을 하고 놀 것인지, 어디를 갈 것인지 등
친구와 함께 정하는 모든 것은 서로 지켜야 하는 약속이에요.
친구와 약속할 때는 어떤 태도가 필요할까요?

먼저 신중한 태도가 필요해요. 약속할 때는 여러분이 지킬 수 있는 것인지 생각해 보고, 신중하게 약속해야 해요. 지키지 못할 약속이라면 처음부터 하지 않아야 해요. 만약 여러분이 지키지 못할 것 같다면, 친구와 이야기해서 지킬 수 있는 약속으로 바꾸면 돼요. 약속하기 전에는 신중하게 생각해야 한다는 걸 잊지 말아요!

또한 책임감 있는 태도가 필요해요. 약속했다면 반드시 지키는 책임감 있는 모습을 보여야 해요. 약속은 여러분과 친구가 믿음을 가지고 함께 정한 것이지요? 나 혼자서 약속을 깨트리거나 취소할 수는 없어요. 만약 약속을 지키지 않는다면 친구가 무척 실망할 거예요. 약속을 지키는 책임감 있는 태도, 꼭 보여 주세요!

빛나와 함께 여러분도 친구와 약속할 때는 오늘 배운 태도를 꼭 실천해요!

 약속을 지키지 않는 친구에게 어떻게 말해 줄지 적어 보세요.

친구의 물건을 빌려요

빛나가 틀린 글씨를 지우려고 하는데, 지우개가 보이지 않아요.
어제 숙제를 하고 집에 두고 왔나 보네요.
친구에게 지우개를 빌려야 할 것 같아요. 어떻게 말해야 할까요?

아마 다들 한 번쯤은 친구에게 물건을 빌려 보았을 거예요.
지우개나 가위, 풀 등 다양한 물건을 빌리게 돼요.
친구에게 물건을 빌릴 때는 어떤 태도가 필요할까요?

먼저 존중하는 태도가 필요해요. "물건 좀 빌릴게!"라고 말한 뒤에 동의도 하지 않았는데 바로 친구 물건을 가져가면 어떻게 될까요? 친구가 불쾌해하겠죠? 빌려주는 친구의 입장을 존중하고, 빌려주겠다는 대답을 들은 뒤 사용해야 해요. 친구가 물건을 먼저 사용하고 싶을 수도 있고, 새로 산 물건이어서 빌려주고 싶지 않을 수도 있으니까요. 친구를 존중하고, 빌려주겠다는 대답을 들은 뒤 사용해요.

또한 책임감 있는 태도가 필요해요. 친구의 물건은 더욱 책임지고 소중히 다루어야 해요. 나의 것이 아니라 남의 물건을 잠시 빌리는 것이니까요. 빌린 상태 그대로 물건을 돌려주는 것이 가장 좋아요. 만약 사용하다가 망가졌다면, 친구에게 사과하고 고치거나 새로 사서 주어야 해요. 책임감 있는 태도가 필요하다는 걸 잊지 말아요!

빛나와 함께 여러분도 친구의 물건을 빌릴 때는 오늘 배운 태도를 꼭 실천해요!

 이외에도 친구에게 물건을 빌릴 때는 어떤 태도가 필요할까요?

피부색이 다른 친구를 만나요

오늘은 전학생 친구가 왔어요. 그런데 피부색이 조금 다르네요.
빛나와 친구들은 전학생 친구와 함께 놀지 않으려고 해요.
피부색이 다를 뿐, 똑같은 친구인데 말이에요.

다른 나라에서 왔거나, 부모님이 다른 나라 사람인 친구는
여러분과 피부색이 다르기도 해요.
피부색이 다른 친구를 만났을 때 어떤 태도가 필요할까요?

먼저 받아들이는 태도가 필요해요. 피부색이 다를 뿐, 생각하고 느끼는 건 여러분과 똑같다는 것을 받아들여야 해요. 피부색이 다른 것은 여러분의 키가 크고 작은 것처럼 그 친구의 특징일 뿐이에요. 피부색 때문에 차별하거나, 같이 놀지 않는 것은 잘못된 태도예요. 모두가 똑같은 친구이고, 소중한 사람이라는 것을 잊지 말아야 해요.

또한 먼저 다가가는 태도가 필요해요. 만약 친구가 다른 나라에서 왔다면, 한국말이 서툴거나 학교생활이 낯설 수 있어요. 여러분이 먼저 다가가서 인사하고, 같이 놀자고 이야기해 보세요. 혹은 여러분의 친구들을 소개해 줄 수도 있지요. 친구가 적응하는 데 큰 도움이 될 거예요. 먼저 다가가서 좋은 친구가 되어 보아요!

빛나와 함께 여러분도 피부색이 다른 친구를 만났을 때는 오늘 배운 태도를 꼭 실천해요!

피부색이 다른 친구를 처음 만났을 때, 어떻게 행동할 것인지 두 가지만 적어 보세요.

- -

- -

장애가 있는 친구를 만나요

빛나네 반에는 휠체어를 탄 친구가 있어요.

어렸을 때 다쳐서 걷지를 못한대요.

그런데 빛나가 무심코 한 말 때문에 친구가 눈물을 뚝뚝 흘렸어요.

우리는 다양한 사람들과 함께 살아가요.

다리가 불편하거나, 눈이 보이지 않는 등 장애가 있는 친구들도 있어요.

장애가 있는 친구를 만날 때는 어떤 태도가 필요할까요?

먼저 차별하지 않는 태도가 필요해요. 장애는 살다 보면 누구나 가질 수 있어요. 시력이 좋지 않아 안경을 쓴 것도 따지고 보면 장애라는 것을 알고 있나요? 이렇게 장애는 이상하거나 특이한 것이 아니에요. 장애를 그 친구가 가진 특징 중 하나로 이해하고, 다른 친구들과 차별하지 않도록 해요.

또한 존중하는 태도가 필요해요. 장애가 있다고 해서 항상 도움이 필요한 것은 아니에요. 장애가 있는 친구들도 스스로 문제를 해결할 수 있어요. 물론 생활하는 데 학교의 시설이 불편할 수도 있어요. 그럴 때 여러분이 도움을 줄 수도 있고 학교에 건의를 함께 할 수도 있어요. 무엇보다 차별 섞인 말이나 무시하는 말로 상처를 주어서도 안 되어요. 장애가 있는 친구들을 존중하고, 함께 어울려 지낼 멋진 방법을 생각해 보도록 해요.

빛나와 함께 여러분도 장애가 있는 친구를 만날 때는 오늘 배운 태도를 꼭 기억해요!

 이외에도 장애가 있는 친구를 만날 때는 어떤 태도가 필요할까요?

친구를 돕고 싶어요

미술 시간에 빛나는 그림을 다 그렸는데 지유가 아직 덜 했어요.
빛나가 도와주려고 하네요.
지유는 혼자서 마무리하고 싶은 것 같은데 말이에요.

여러분은 친구를 도와주었던 경험이 있나요?
친구가 도와달라고 하거나 내가 돕고 싶은 마음이 들 때도 있어요.
친구를 돕고 싶을 때는 어떤 태도가 필요할까요?

먼저 존중하는 태도가 필요해요. 친구에게 도움이 필요한지 먼저 물어보아야 해요. 친구는 문제를 스스로 해결하기 위해 노력하고 있을지 몰라요. "혹시 도움이 필요해? 내가 어떻게 도와줘도 될까?"라고 먼저 물어봐요. 그 후 친구가 도움이 필요한 만큼 도와주면 돼요. 그 일을 해내야 하는 건 친구라는 것을 기억하고, 친구의 방식대로 일을 끝낼 수 있게 존중해 주세요. 친구가 매우 고마워할 거예요!

또한 겸손한 태도가 필요해요. 사람들은 각자 잘하는 부분과 약한 부분이 달라요. 여러분도 잘하는 점과 약한 점을 모두 가지고 있지 않은가요? 친구에게 약한 부분을 도와주었다고 해도 친구를 무시하지 않아야 해요. 친구에게 "다 내 덕분이지?"라고 하기보다는, "와, 우리가 해냈어!"라고 말한다면 친구와 더 친해질 수 있을 거예요.

빛나와 함께 여러분도 친구를 돕고 싶을 때는 오늘 배운 태도를 꼭 기억해요!

친구가 무거운 물건을 옮기고 있어 도와주고 싶다면, 어떻게 이야기할 것인지 적어 보세요.

- -

- -

5장

이럴 땐 이렇게!
공공장소에서의 태도

대중교통을 이용해요

지하철 안이에요. 빛나는 부모님과 할머니 댁에 가고 있어요.
빛나가 지하철에서 소리치며 뛰어다니는 모습에
다른 승객들이 불편한 표정이에요.

빛나는 지하철이나 버스를 타는 게 참 좋아요.
새로운 세상으로 떠나는 것처럼 기분이 참 설레요.
신나는 마음에 큰 소리로 말하고 싶고 마구 뛰고 싶어요.
대중교통을 이용할 때 어떤 태도가 필요할까요?

먼저 질서를 지키는 태도가 필요해요. 버스, 지하철, 비행기 같은 대중교통은 여러 사람이 함께 이용하지요? 줄을 서서 차례를 지키고 천천히 걸어서 이용해요. 특히 움직이고 있을 때는 꼭 자리에 앉거나, 손잡이를 잡고 서도록 해요. 뛰어다니거나 돌아다니는 행동은 무척 위험해요. 그리고 여러 사람이 함께 이용하기 때문에 방해되지 않도록 소곤소곤 대화해요.

또한 배려하는 태도가 필요해요. 배려는 돕는 태도를 의미해요. 대중교통에서는 움직임과 멈춤이 반복되기 때문에 안전이 가장 중요해요. 스스로 손잡이나 기둥을 잡고 서 있을 수 있다면 자리를 양보해요. 혼자 서 있기 어려울 정도로 연세가 많으신 할머니나 할아버지, 여러분보다 어린 동생들, 몸이 불편한 분들을 위해 자리를 양보해요. 여러분의 작은 배려로 안전하고 배려가 넘치는 사회가 될 거예요.

빛나와 함께 여러분도 대중교통을 이용할 때는 오늘 배운 태도를 꼭 실천해요!

대중교통 이용 규칙 세 가지를 만들어 보아요.

식당을 이용해요

오늘은 빛나네 가족이 외식하는 날이에요.
빛나는 음식점에 들어서기 전부터 잔뜩 들떠 있었어요.
앗, 빛나가 자리에서 움직이다가 그만 음식을 쏟았어요.
"어머, 빛나야! 조심해야지!" 엄마가 소리쳤어요.

집에서 식사하는 날도 즐겁지만,
밖에서 식사하는 날은 들뜨기도 하고 기대도 돼요.
식당에서 식사할 때 어떤 태도가 필요할까요?

먼저 배려하는 태도가 필요해요. 식당은 우리 가족만 식사하는 곳이 아니라 다른 손님들도 식사하는 곳이에요. 그중에는 조용하고 편안하게 식사를 하고 싶은 사람도 많아요. 또 여러분이 뛰어다니다 다칠까 봐 불안해서 식사에 집중하지 못하는 사람도 있어요. 식당에서는 돌아다니지 않고 자리에 반듯하게 앉아 식사해야 해요.

또한 감사하는 태도가 필요해요. 맛있는 식사를 준비해 주시고 가족들과 행복한 시간을 보내도록 도와주시는 식당의 직원들에게 감사하는 마음을 가져야 해요. 식사를 마치고 돌아갈 때 "잘 먹었습니다." 하고 마음을 전해 보세요. 또 절제하는 태도가 필요해요. 절제는 욕심내지 않고 알맞게 조절하는 태도를 의미해요. 식당에서 음식을 많이 남겨 본 경험이 있나요? 우리가 남긴 음식은 쓰레기로 버려지게 되지요. 너무 많은 쓰레기는 지구를 아프게 해요. 그러니 재료들이 낭비되지 않도록 먹을 수 있는 만큼만 주문해야 해요.

빛나와 함께 여러분도 식당에서 오늘 배운 태도를 꼭 실천해요!

식당에서 맛있는 음식을 먹으며 행복했던 경험을 한 가지 적어 보세요.

엘리베이터를 이용해요

빛나가 학원에서 돌아오는 길에 엘리베이터를 탔어요.
그런데 기분 좋은 일이 있는지 엘리베이터 안에서 깡충깡충 뛰었어요.
함께 탄 친구가 불안해하는 줄도 모르고요.

외출을 하면 엘리베이터를 이용할 때가 많아요.
엘리베이터에서 쿵쿵 뛰면 어른들이 위험하다고 혼을 내요.
엘리베이터를 이용할 때는 어떤 태도가 필요할까요?

먼저 안전 수칙을 지키는 태도가 필요해요. 엘리베이터는 사람이나 물건을 위아래로 옮겨 주는데, 움직이는 과정에서 추락의 위험이 있지요. 그래서 우리의 안전을 위해 꼭 안전 수칙을 지켜야 해요. 엘리베이터 안에서는 절대 뛰지 않아요. 너무 많은 사람이 타거나 무거운 물건을 실으면 위험해요. '삐' 소리가 나거나 문이 닫히지 않는다면 다음 엘리베이터를 이용하거나 계단을 사용하도록 해요.

또한 양보하는 태도가 필요해요. 아파트처럼 여러 층이 있는 건물에서 위층, 아래층으로 이동하는 방법을 두 가지 생각해 볼까요? 엘리베이터 그리고 계단이지요. 많은 사람이 엘리베이터를 한 번에 이용할 수 없어요. 엘리베이터를 이용할 사람이 많다면 꼭 필요한 사람에게 양보해요. 몸이 불편한 분들에게 양보하고 계단을 이용하면 전기도 절약하고, 여러분의 몸도 튼튼해질 거예요.

빛나와 함께 여러분도 엘리베이터를 이용할 때는 오늘 배운 태도를 꼭 실천해요!

 엘리베이터를 탔는데 '삐' 소리가 나면 어떻게 할지 적어 보세요.

- -

- -

편의점을 이용해요

빛나가 편의점에 왔어요. 편의점은 정말 없는 게 없는 곳이에요.
빛나가 사고 싶은 물건이 너무 많아 보여요.
하지만 무작정 다 살 수 있나요?

편의점에는 여러분이 좋아하는 과자, 아이스크림 등이 가득해요.
빛나처럼 여러분도 편의점에 가면 사고 싶은 게 많나요?
편의점에서는 어떤 태도가 필요할까요?

먼저 절약하는 태도가 필요해요. 절약은 함부로 쓰지 않고 아끼는 태도를 의미해요. 편의점에 갔다가 계획보다 너무 많이 구매한 경험이 있나요? 너무 많이 구매해서 용돈을 다 써 버리지 않도록 신중하게 꼭 필요한 것만 구매해요. 편의점에 가기 전에 미리 구매할 물건을 적어서 확인하면서 구매하는 것도 좋은 방법이에요!

또한 친절한 태도가 필요해요. 편의점에서 근무하는 직원들은 여러분을 친절하게 도와줘요. 깨끗한 편의점을 이용할 수 있도록 청소도 하고, 물건을 구매할 때 도와주기도 하지요. 우리의 편의를 위해 애써 주시는 분들에게 친절하게 행동해야 해요. 편의점에 들어갈 때 "안녕하세요!", 나올 때 "감사합니다!" 하고 인사해요. 친절한 여러분의 입가에도, 여러분의 인사에 직원들의 입가에도 미소가 지어질 거예요.

빛나와 함께 여러분도 편의점을 이용할 때 오늘 배운 태도를 꼭 실천해요!

 이번 주 편의점에 갈 때 구매해야 하는 목록을 적어 보세요.

놀이터를 이용해요

빛나가 놀이터에서 그네를 타고 있어요.

뒤에서는 친구들이 그네를 타려고 기다리는 중이에요.

빛나는 신난 표정인데, 뒤에서 기다리는 친구들은 지친 표정이에요.

학교를 마치고 놀이터에 가면 정말 재밌게 놀 수 있어요.

친구들과 노는 것도 신나고, 재미있는 놀이기구들도 가득하잖아요.

놀이터에서는 어떤 태도가 필요할까요?

먼저 화합하는 태도가 필요해요. 화합은 사이좋게 어울린다는 뜻이에요. 놀이터는 놀이기구를 친구들과 '함께' 이용하는 공간이에요. 공동의 공간이니 친구들과 사이좋게 이용해야 해요. 친구들이 많을 때는 줄을 서서 순서를 기다려 이용해요. 기다리는 친구들이 많을 때는 놀이기구를 짧게 이용하고 "기다리느라 힘들었지? 나는 다음에 또 탈게." 하고 양보해요. 양보 한 번으로 여러분도, 친구도 함께 즐거워져요.

또한 청결한 태도가 필요해요. 놀이터의 놀이기구들은 함께 사용하는 공동의 기구예요. 형, 누나, 언니, 오빠들이 깨끗하게 이용해서 여러분도 즐겁게 놀 수 있는 거예요. 여러분도 공동의 물건을 소중하고 깨끗하게 이용해서 동생들이 기분 좋게 이용할 수 있도록 해야 해요. 쓰레기가 보이면 꼭 주워서 쓰레기통에 버리고, 놀이기구에 낙서하거나 망가뜨리지 않도록 해요!

빛나와 함께 여러분도 놀이터에서 오늘 배운 태도를 꼭 실천해요!

 놀이기구를 친구에게 양보할 때 어떻게 말할지 적어 보세요.

- -

- -

 **나에게 꼭 필요한 바른 태도, 무엇이 있을까요?**

_____

_____

_____

_____

_____

_____